# LES

# CHEMINS DE FER

## ET LE BUDGET

PAR

### M. ÉMILE LEVEL

INGÉNIEUR

MEMBRE DU CONSEIL MUNICIPAL DE PARIS

---

EXTRAIT DE LA *NOUVELLE REVUE*

DU 15 FÉVRIER 1883

---

## EN VENTE

AUX BUREAUX DE LA *NOUVELLE REVUE*

23, BOULEVARD POISSONNIÈRE, 23

---

1883

# LA NOUVELLE REVUE

## Paraît le 1er et le 15 de chaque mois

### PRIX DE L'ABONNEMENT

| | | | | | | |
|---|---|---|---|---|---|---|
| Paris . . . . . . . . . . . . . | 1 an, **50** » | 6 mois, **26** » | 3 mois, **14** » |
| Départements et Alsace-Lorraine. | — **56** » | — **29** » | — **15** » |
| Étranger (*Union postale, 1re zone*). | — **62** » | — **34** » | — **18** ». |

## DU MÊME AUTEUR

**Les Chemins de fer devant le Parlement.**

# LES

# CHEMINS DE FER

## ET LE BUDGET

PARIS

TYPOGRAPHIE GEORGES CHAMEROT

19, RUE DES SAINTS-PÈRES, 19

# LES
# CHEMINS DE FER
## ET LE BUDGET

PAR

**M. ÉMILE LEVEL**

INGÉNIEUR

MEMBRE DU CONSEIL MUNICIPAL DE PARIS

EXTRAIT DE LA *NOUVELLE REVUE*

DU 15 FÉVRIER 1883

## EN VENTE

AUX BUREAUX DE LA *NOUVELLE REVUE*

23, BOULEVARD POISSONNIÈRE, 23

1883

# LES

# CHEMINS DE FER ET LE BUDGET

Nous avons le très vif regret de le dire à nos amis politiques et à tous ceux qui s'attachent à propager, à développer, à consolider les institutions républicaines, — le spectacle extraordinaire des incertitudes et des hésitations du pouvoir, des incohérences et des variations du parlement touchant la question du régime général des chemins de fer n'est pas précisément de nature à calmer les préoccupations croissantes et parfaitement justifiées du commerce et de l'industrie, à inspirer confiance au monde du travail. Il n'est pas fait pour dissiper les doutes des esprits clairvoyants sur le point de savoir si, oui ou non, il se trouvera des hommes d'État assez fermes et décidés, assez intelligents de la situation, suffisamment pénétrés du nombre, de l'étendue, de la profondeur, de l'importance des intérêts publics et privés qui gravitent autour de cette question, et, nous osons le dire, assez patriotes pour clore définitivement un débat économique qui énerve le pays et n'a que trop duré.

Il faut en finir : telle est la pensée, tel est le cri de tous ceux que les théories laissent froids, qui ont horreur de cette agitation dans le vide, de ce piétinement sur place, de cette politique marquée au coin de l'impuissance et de la stérilité auxquels la nation semble vouée depuis plusieurs années.

Tel est également notre sentiment. C'est pourquoi nous voulons exposer les solutions simples qui nous paraissent convenir à une question de ce genre, étant donné le milieu où elle s'agite, le terrain parlementaire sur lequel elle est placée, le tempérament des hommes politiques appelés à l'examiner, à l'apprécier, à la résoudre ; étant donné enfin la situation budgétaire, dont il est impossible de ne pas tenir le plus grand compte dans l'étude d'un problème qui touche à tous les intérêts du pays, mais plus spécialement peut-être aux conditions financières dans lesquelles s'établissent ses budgets ordinaire et extraordinaire, et dont dépendent, en grande partie, son développement et sa prospérité.

Mais nous ne ferons pas cet exposé, nous ne nous livrerons pas à cette étude, sans avoir d'abord recherché l'explication de la singulière impuissance dont se trouve subitement frappé le pouvoir, comme le législateur, dès qu'il met la main sur ce qu'on a nommé la question du régime général des chemins de fer ; sans avoir tenté de ramener cette question à ses véritables proportions, en la débarrassant des exagérations de langage et d'appréciations, des arguties dont on l'a entourée, et qui n'ont pas peu contribué à la plonger dans une atmosphère d'impopularité d'où il est malaisé de la faire sortir sans s'exposer au reproche d'être la dupe ou le complice des grandes compagnies de chemins de fer ; — compagnies dont on a méconnu l'œuvre véritable, dont on a dit tant de mal, et avec lesquelles cependant tout le monde s'accorde aujourd'hui à reconnaître qu'il faut s'entendre et traiter, à ce point que le seul problème qui se pose actuellement consiste à rechercher quel est le meilleur moyen d'utiliser leur concours dans les conditions les plus profitables à l'intérêt public.

## I

« C'est un avantage que de n'avoir rien fait ; mais il ne faut pas en abuser », disait Rivarol. Le sentiment public ne s'élèvera-t-il pas enfin contre les politiciens qui ont inventé la question des chemins de fer? Ne leur reprochera-t-il pas d'avoir cruellement abusé de cet avantage, de n'avoir rien fait en la

matière, si ce n'est des discours ? — Et quels discours ! Des
accumulations d'erreurs et d'assertions inexactes, des entasse-
ments de paradoxes, de chiffres faux, de contre-vérités qui
font sourire les économistes, et dont s'émeuvent les hommes qui,
les yeux fixés sur l'avenir financier de la France, redoutent les
aventures. Mais les discours ne leur ont pas suffi ; ils ont exercé
leur droit d'initiative parlementaire ; la tribune a gémi sous
le poids d'un certain nombre de propositions tendant soit à la
suppression des compagnies actuelles, soit à l'adoption de mesures ingénieusement combinées en vue d'entraver leur marche
et leur développement.

Nous avons eu la proposition de loi de M. Papon, relative à
la constitution du réseau national des chemins de fer et à leur
régime d'exploitation. Elle ne tendait à rien moins qu'au rachat
de tous les chemins de fer d'intérêt général, à leur dislocation
en réseaux de 2,500 kilomètres, et à l'exploitation de ces groupes
par des compagnies fermières. Cette proposition décélait une
rare inexpérience des véritables conditions du régime actuel des
voies ferrées et l'oubli le plus étrange des faits les mieux établis :
elle n'a pas vu le jour de la discussion publique.

Puis est venue une proposition de loi de M. Jean David sur
la construction et l'exploitation des chemins de fer du troisième
réseau ; elle s'est égarée dans quelque bureau de la Chambre :
nous en parlons pour mémoire.

Une proposition, plus importante si l'on en juge par le nombre des signataires qui l'ont appuyée, celle de M. Delattre et de
75 de ses collègues, relative à la sécurité publique sur les
chemins de fer, a fait ensuite son apparition. Les honorables
députés qui la patronnent se proposent d'uniformiser les appa-
reils de voie, les signaux, les freins, les ordres de service, de
réglementer les heures de travail des agents du service actif,
etc. – Cette uniformité qui est le rêve des hommes s'occupant
pour la première fois des questions de chemins de fer, cette
réglementation qui obsède l'imagination des réformateurs en
chambre, ne sauraient être décrétées par le législateur sans les
plus graves inconvénients. On ne décréterait pas ainsi la sécurité

des transports ; mais on paralyserait certainement l'esprit de réformes et de perfectionnement ; on arrêterait, on cristalliserait en quelque sorte tous les progrès en travail, que le devoir du gouvernement est de provoquer et d'encourager en sollicitant la libre émulation des compagnies. Sont-ce des considérations de cette nature ou quelques autres qui entravent l'instruction du projet ? Nous l'ignorons ; mais la commission parlementaire chargée de l'examiner ne paraît pas apporter une activité dévorante à l'étude de cette proposition plus naïve que pratique.

Enfin, une proposition de loi relative aux agents commissionnés a été plus heureuse. Après des traverses de toute sorte elle a été votée par la Chambre, et le Sénat en sera prochainement saisi. Le but de la loi est de lier les compagnies et leurs agents commissionnés, de telle sorte qu'il ne soit pas possible aux compagnies de révoquer ces agents, ni à ceux-ci de quitter leurs administrations, sans indemnités réciproques. Or, comme il n'y a pas d'exemple de compagnies qui se soient séparées de leurs agents sans motifs graves, sérieux, multipliés, tant est grande pour elles la difficulté d'un bon recrutement du personnel et tant est vif leur désir de le conserver lorsqu'il est expérimenté, le plus clair de cette loi, si le Sénat la vote, sera d'empirer la situation des agents, qui ne pourront plus démissionner sans être exposés à des dommages et intérêts. Si l'on considère que la mesure constitue, en outre, une dérogation au droit commun, aux règles du contrat de louage ; si l'on réfléchit aux embarras considérables qu'elle créerait au gouvernement et combien elle gênerait sa liberté d'action dans le cas où le parlement en exigerait l'application aux fonctionnaires de l'État, parmi lesquels les révocations pour cause politique sont malheureusement fréquentes, on n'est pas enclin à un grand enthousiasme ni disposé à louer la Chambre de l'avoir votée.

A part quelques rapports de l'ancienne commission des 33 de la Chambre des députés, dont la discussion n'est jamais venue en séance publique, cette loi des agents commissionnés forme tout le bagage parlementaire de ces dernières années en matière de chemins de fer.

Nous en exceptons, bien entendu, ces nombreux classements

de lignes électorales que nous nous sommes permis de juger ici même, non sans quelque sévérité, il y a trois ans (1), classements qui se sont imprudemment greffés sur le plan de M. de Freycinet et constituent la principale cause des difficultés actuelles. Ce n'est pas le moment d'insister sur les conséquences fatales, aujourd'hui claires, évidentes pour tous, de ces classements exagérés dont nous signalions, à cette époque, les dangers et les périls, au regard de la situation budgétaire; nous voulons seulement mesurer et apprécier l'œuvre du parlement au point de vue du régime général des chemins de fer. Le bilan est mince, on en conviendra ; il n'est pas de nature à donner une haute idée de la puissance de conception des honorables députés qui ont pris en main la question et s'en sont fait, en quelque sorte, une spécialité.

Le gouvernement a-t-il été plus heureux dans cette même question du régime général de nos voies ferrées ?

On connaît les négociations poursuivies avec les compagnies de chemins de fer par les différents ministres des travaux publics qui se sont trop rapidement succédé. Quelques-unes ont été l'objet de projets de conventions. Est-ce défaut de suite dans les idées, manque de vigueur et de fermeté pour en appeler à la Chambre des décisions de ses commissions, pour faire prévaloir les solutions justes devant le Parlement? Tout a avorté. M. Hérisson (2) a cru plus habile de recourir au système des commissions : « au lieu de négocier presque au hasard », disait-il dans son rapport du 7 octobre 1882 au président de la République, « ou d'après des principes variant à chaque changement de ministres, en attribuant à l'État une sorte de rôle de solliciteur qui ne saurait lui convenir, je trouve plus rationnel de fixer tout d'abord les termes généraux du contrat à intervenir ; et je ne doute pas que ce contrat, mûrement élaboré par des esprits compétents et impartiaux, ne reçoive, au jour où elles seraient appelées à le discuter, l'adhésion des grandes compagnies ». — Ce langage n'était pas de nature à combler de satisfaction

---

(1) V. la *Nouvelle Revue* des 1ᵉʳ novembre et 1ᵉʳ décembre 1879.
(2) Cet article était écrit et a paru avant la constitution du cabinet du 21 février.

les honorables prédécesseurs de M. Hérisson au ministère des travaux publics; le mot « solliciteur » leur a été particulièrement désagréable. Deux d'entre eux, MM. de Freycinet et Varroy, refusèrent de faire partie de la commission extra-parlementaire du 7 octobre, instituée par le ministre pour examiner la question générale du régime des chemins de fer; un troisième, M. Sadi-Carnot, n'accepta qu'après échange d'explications par écrit; le quatrième enfin, l'honorable M. Raynal, estimant M. Hérisson incapable de discourtoisie voulue à l'égard de ses prédécesseurs, donna son adhésion avec la pensée de rendre quelques services.

Dans un sentiment d'impartialité qui s'est manifesté d'une singulière façon, et probablement pour qu'on ne pût l'accuser d'être, en quoi que ce soit, favorable aux grandes compagnies, le ministre des travaux publics prenait soin non seulement d'exclure rigoureusement de la commission les représentants des compagnies, mais encore d'y introduire les membres du Parlement qui s'étaient le plus distingués par leur hostilité contre le régime actuel des voies ferrées.

C'est chose grave que de faire tomber de telles questions entre les mains de commissions, et c'est une méthode déplorable, tout à fait en contradiction avec les vrais principes du régime parlementaire, que celle qui consiste à faire disparaître, tout au moins à abriter, à couvrir de la sorte, l'initiative et la responsabilité ministérielles; nous avons été quelque peu dérouté, nous l'avouons, en présence de cette humilité du pouvoir. Si, en prenant le portefeuille des travaux publics, l'honorable M. Hérisson n'était pas préparé aux questions spéciales à ce département, pourquoi s'en est-il chargé? Et s'il était en situation de les étudier, de les discuter, de les résoudre, pourquoi cet effacement, cette sorte d'abdication entre les mains d'une commission?

Mais la commission est nommée. Nous supposons qu'elle travaille. « Elle sera invitée à hâter ses travaux. Il ne s'agit pas ici, en effet, d'une commission d'enquête, mais d'une commission exécutive : les matériaux sont tout prêts; il ne reste qu'à édifier. » Ainsi s'exprimait le ministre dans son rapport du

7 octobre dernier. Depuis quatre mois, la commission fonctionne ;
malheureusement, il ne suffit pas d'avoir de bonne chaux, du
sable pur, des pierres de premier choix, et d'être résolu à construire quelque chose; encore faut-il un plan, à défaut d'architecte,
et nous avons grand'peur que la commission n'ait pas encore ar-
rêté le projet, le dessin du monument qu'elle doit édifier avec
ces matériaux qui sont à pied d'œuvre depuis le 7 octobre.

Étant donné la composition de la commission et sa méthode de travail, il nous paraît difficile qu'un plan sérieux,
qu'un projet exécutable, sorte de ses délibérations. Partagés en
trois sous-commissions isolées chacune de son côté, comment
les commissaires s'entendront-ils en réunion plénière, après
s'être acharnés pendant des mois à étudier séparément une
seule face de la question générale ? Une sous-commission s'oc-
cupe de grouper, ou plutôt de disloquer les réseaux actuels ;
elle étudie les cahiers des charges et la concession des lignes
constituant le programme Freycinet; une autre traite la question
des tarifs; une troisième calcule les conséquences financières
du rachat général des chemins de fer. Lorsqu'elles se réuni-
ront, nous craignons qu'elles n'apportent des combinaisons
jurant de se trouver ensemble.

Quand la commission aura fait son rapport, si tant est
qu'elle parvienne au bout de ses travaux, le ministre ouvrira
sans doute des négociations avec les Compagnies : nous disons
sans doute, car nous estimons que, malgré la bruyante entrée
en campagne dont le rapport du 7 octobre sonne la fanfare, il
fera bien de se relâcher quelque peu de son ardeur belliqueuse.
Il devra considérer sa commission tout autrement que comme
une commission exécutive ; sans quoi il lui faudrait en présenter
les conclusions aux Compagnies en leur disant : « C'est à prendre
ou à laisser ! » Et quand on adopte cette attitude, on s'expose
quelquefois à ce que les gens vous répondent: « Nous ne prenons
pas. » Mieux avisé aujourd'hui qu'il ne l'était il y a quatre mois,
le ministre s'empressera d'ouvrir des négociations avec les
Compagnies. Quelles que soient, en effet, les conclusions de la
commission, il portera seul le poids de la discussion devant
les Chambres et sa situation serait difficile si les Compagnies

n'acceptaient pas des combinaisons dont elles n'auraient pas été appelées à discuter les termes. Ce que dureront ces négociations, personne ne le sait. Personne ne peut le dire, surtout si le projet de la commission est inapplicable ou inacceptable, éventualité qui n'apparaîtrait probablement pas à l'horizon si le ministre avait introduit dans la commission, ne fût-ce que pour fournir des renseignements et seulement avec voix consultative, quelques représentants des Compagnies. Ceux-ci eussent éclairé les commissaires sur certains points délicats ou tout à fait ignorés des hommes qui prononcent d'excellents discours à la tribune, mais dont les raisonnements sont détruits et les périodes bouleversées par la moindre objection technique.

On peut donc l'affirmer sans excessive témérité : la question du régime général des chemins de fer ne fait pas beaucoup plus de progrès dans les régions gouvernementales que dans les sphères parlementaires.

A quoi donc tient ce phénomène : qu'il suffise à un homme politique, à un ministre, à un cabinet, à une Assemblée, de toucher à ce problème des chemins de fer pour devenir tout à coup impuissant?

Ne serions-nous pas l'objet d'une étrange illusion d'optique, et n'a-t-on pas donné à cette affaire une importance exagérée, des proportions qu'elle ne comporte pas? Oui, la question autour de laquelle nos hommes politiques s'agitent comme des derviches tourneurs sans la pouvoir étreindre, sans même l'entrevoir, existe-t-elle dans les termes où on l'a posée? Y a-t-il question sérieuse ou seulement prétexte à déclamations à effet, à propositions caduques, à commissions mort-nées; question compliquée comme à plaisir, qu'un peu de bon sens chez les uns et de bonne foi chez les autres suffirait à éclaircir si elle était jugée avec des idées simples?

Sans doute, sur le terrain politique, en tant que marche-pied ou plate-forme électorale, il y a une question des chemins de fer, et lorsqu'on étudiera l'histoire de ce temps, on lui attribuera assurément un rôle très considérable ; mais sur le terrain économique, comment se pose-t-elle ?

On a affolé l'esprit public en jetant au travers du pays les mots de monopole et de féodalité financière. Il est des gens parfaitement convaincus qu'à l'heure actuelle la société tout entière est vouée à un Minotaure à la gueule d'or, aux flancs de bronze, aux griffes d'acier ; persuadés que les plus grands intérêts du pays sont sacrifiés à la cupidité des manieurs d'argent, au dieu Dividende, comme on dit dans les réunions publiques, et quelquefois aussi à la tribune du Palais-Bourbon ; et ces gens, qui ont l'âme sensible et le cœur charitable, pleurent sur les destinées sociales. Nous ne voudrions pas nous attarder à discuter ces attendrissements économiques et pourtant, ne fût-ce que pour rassurer la foule passionnée et toujours soupçonneuse, ne fût-ce que pour conquérir la liberté de notre examen et de notre étude, comment ne pas céder à la tentation de démontrer que cette histoire de dividendes monstrueux, de leurs accroissements scandaleux, qui est le point de départ des accusations lancées contre les Compagnies de chemins de fer, comment ne pas établir que cette histoire est une légende ?

Ah ! la légende ! Qui dira le mal qu'elle aura fait à notre pays toutes les fois qu'elle se sera appliquée aux choses de l'ordre économique ? Cette rapidité avec laquelle elle se répand au milieu même des classes les plus intelligentes de la nation, qui l'expliquera ?

Qu'on ne nous accuse pas de parodier un mot plus célèbre que juste, si nous disons avec plus de vérité : « ce qu'il y a de meilleur dans l'homme, c'est l'enfant. » L'homme ne conserve-t-il pas au plus profond de son être la grâce et la sensibilité de l'enfance, ses adorables admirations ? N'en garde-t-il pas aussi l'incommensurable crédulité, les juvéniles naïvetés ? Si les contes des grand'mères immobilisent l'enfant, ravissent son imagination vive et fraîche ; si le merveilleux s'empare de l'esprit de l'adulte et hante son cerveau, l'homme fait, à son tour, n'en a pas fini avec l'extraordinaire qui paraît être le propre de la nature humaine ; il est loin d'être inaccessible à la fable, à la légende.

Ce n'est pas seulement dans le domaine du mysticisme, de la poésie, de l'art, que la légende gouverne l'imagination de l'homme le mieux trempé, le saisit, le séduit et l'entraîne ; c'est aussi, qui le croirait? sur le terrain le moins accessible à l'enthousiasme et à la fantaisie : dans le cycle écoonmique lui-mème elle accapare l'esprit public, le domine et le pousse dans les voies obliques aux intérêts contingents ; et l'on demeure confondu de la facilité avec laquelle les hommes les plus graves, les plus réfléchis, prennent en ces matières pour la réalité cette apparence que Musset appelait le contour léger des choses d'ici-bas.

Parmi les légendes acceptées *a priori* par la masse inconsciente et passive, en est-il une plus répandue que celle dont on a très habilement enveloppé ces grandes entreprises modernes, ces œuvres d'utilité générale nées de l'esprit d'association et de l'initiative individuelle qu'on appelle des Compagnies de chemins de fer? Entreprises dont on a prononcé la condamnation en disant qu'elles constituent un monopole, qu'elles sont entre les mains d'une féodalité financière puissante ; et l'on en donne ce témoignage, qui mériterait réflexion s'il correspondait à la réalité des faits : que les dividendes des Compagnies s'accroissent constamment dans de formidables proportions au détriment de la fortune publique, au profit exclusif de quelques sociétés privilégiées, ennemies du bien public, rudes aux petits et aux humbles, redoutables aux grands et aux forts.

Sur cette thèse de l'accroissement scandaleux des dividendes, sur ce terrain étrangement choisi, on le reconnaîtra tout à l'heure, on a fondé, échafaudé, édifié toute une théorie économique qui a ses professeurs et ses journaux, — comme elle a ses doctrinaires et ses arguties, — d'après laquelle les Compagnies devraient disparaître ou se préparer à consentir d'énormes sacrifices. On a lancé la foule simple et crédule à l'assaut d'institutions utiles à tous les citoyens, surtout à cette masse profonde du pays qui ne spécule jamais, mais qui travaille, produit et consomme toujours. Sans prendre garde aux services rendus, sans avoir égard à ce dont elles sont encore capables, on prétend immoler les Compagnies à nous ne savons quelle conception métaphysique ; on se dispose à tuer la poule aux œufs d'or ou à la rendre stérile.

Eh bien ! nous en sommes désolé pour nos contradicteurs, mais l'œuvre des Compagnies n'a pas eu pour résultat l'enrichissement des actionnaires, et la légende du dividende est une fable.


## II


Oui, cette légende qui n'est assurément pas un dogme révélé dont il est interdit de discuter le caractère et l'origine, sur laquelle, au contraire, nous entendons exercer notre droit de discussion et de libre examen, cette légende est une fiction, une véritable fable. Quelques chiffres suffiront à démontrer l'inexactitude, — nous employons un mot poli, — des assertions qui ont servi de thème facile aux discours, aux écrits de toute nature, aux revendications à l'aide desquelles on a, dans ces dernières années, dévoyé l'esprit public et ameuté l'opinion contre l'œuvre des Compagnies.

En raison de l'importance de la démonstration, de la lumière qu'elle peut projeter sur le débat et, par-dessus toute autre considération, par respect pour la vérité, nous prions le lecteur, quelque fastidieux que soient les chiffres, de se pénétrer de ceux qu'un sentiment de justice et d'équité nous commande de faire passer sous ses yeux.

Opérons sur une période de longue durée, afin d'établir la situation avec clarté et précision ; rapprochons les faits actuels de ceux de l'époque où les conventions de 1859 commençaient à recevoir leur plein effet ; comparons les recettes des Compagnies et les dividendes distribués à leurs actionnaires pendant l'année 1865 avec les mêmes éléments du dernier exercice aujourd'hui réglé, l'année 1881. Interrogeons les chiffres au début et à la fin de cette période de dix-sept ans ; examinons-les compagnie par compagnie : le sujet en vaut la peine.

Les recettes de la Compagnie de l'Est étaient de 92,178,917 fr. en 1865 ; en 1881, elles s'élevaient à 126,343,339 francs. De 45,427,718 fr., le produit net passait au chiffre de 55,642,600 fr., et pendant ces dix-sept années, le dividende n'a pas augmenté

d'un centime. Il est aujourd'hui de 33 fr. par action, tel qu'il
était en 1865, et si l'on tient compte, comme on le doit faire,
de l'impôt de 3 0/0 sur le revenu, impôt créé par la loi de 1872,
soit 1 fr., les actionnaires reçoivent seulement 32 fr., conséquemment un chiffre inférieur à celui de 1865.

En 1865, le produit brut de la Compagnie de l'Ouest ne dé-
passait pas 68,343,000 fr.; son produit net était de 37,278,946 fr.:
en 1881, les recettes totales de la Compagnie atteignaient
130,699,471 fr. et ses recettes nettes 54,571,463 fr. Or le dividende
de 37 fr. 50 par action, en 1865, s'abaissait à 35 fr. dès 1866, et
il est demeuré stationnaire depuis cette époque. Déduction faite
de l'impôt sur le revenu, les actionnaires touchent 33 fr. 95, soit
3 fr. 55 de moins qu'en 1865.

A son tour, la Compagnie d'Orléans a vu ses recettes monter
de 102,153,296 fr. en 1865, à 174,359,388 fr. en 1881, et son
produit net s'accroître de 53,786,183 fr. à 98,976,732 fr. pendant
la même période, sans que son dividende se soit modifié. Il est
aujourd'hui de 56 fr., comme en 1865 ; mais les actionnaires
payent à l'État l'impôt sur le revenu et reçoivent, en définitive,
54 fr. 32, ou 1 fr. 68 de moins qu'il y a dix-sept ans.

Pour la Compagnie du Midi, les chiffres sont encore plus si-
gnificatifs. De 38,255,585 fr., en 1865, les recettes du réseau
passaient à 95,072,310 fr., en 1881. Elles ont donc plus que dou-
blé. Le produit net suivait la même marche et progressait de
21,645,819 fr. à 50,058,687 fr. Qu'ont reçu les actions pendant
cette période? Uniformément 40 fr. Donc, aucune augmentation,
mais, au contraire, diminution de 1 fr. 20, valeur de l'impôt sur
le revenu.

Seules, les deux Compagnies du Nord et de Paris à Lyon et
à la Méditerranée ont vu leurs dividendes s'accroître; il importe d'indiquer dans quelles proportions, nous réservant de
signaler ultérieurement les causes de l'augmentation.

Le Nord faisait 80,737,667 fr. de recettes, avec un produit
net de 48,246,342 fr., en 1865, et il distribuait un dividende de
71 fr. 50 à chacune de ses 525,000 actions. En 1881, avec une
recette de 156,279,000 fr. et un produit net de 79,983,000 fr.,
il donnait un dividende de 77 fr., soit 74 fr. 70 net d'impôt sur le

revenu; mais, il convient de le remarquer, sauf en 1867 et en 1880 où il a été respectivement de 72 fr. et de 74 fr., ce dividende est resté constamment au-dessous du chiffre de 1865, malgré l'élévation croissante et continue des recettes de l'exploitation. Ainsi, au bout de dix-sept ans, le Nord a vu son dividende augmenter de 3 fr. 20, ce qui représente 1,680,0000 fr. prélevés sur l'énorme produit de 156,279,000 fr. réalisé en 1881, c'est-à-dire environ 1 0/0. Il y a plus ; cette augmentation, toute légère qu'elle est, n'est qu'apparente : la Compagnie exploite en Belgique un important réseau dont les bénéfices influent notablement sur son dividende, si bien qu'en 1881 ils y entraient pour 5 fr. 13 par action. Le dividende résultant de l'exploitation du réseau Nord français ne dépasse pas, impôt déduit, 69 fr. 57; il est ainsi inférieur de 1 fr. 93 à celui de 1865.

En 1865, les recettes de la Compagnie Paris-Lyon-Méditerranée se chiffraient par 180,428,661 fr. Cette année-là, le produit net accusait 108,730,406 fr., et le dividende distribué à chacune des 800,000 actions de la Compagnie atteignait 60 fr. La recette totale s'est élevée à 338,430,800 fr., en 1881, le produit net à 190,852,500 fr. et le dividende, impôt déduit, à 72 fr. 75; mais pendant la période ce dividende n'a pas dépassé 60 fr., de 1865 à 1872 ; il est descendu à 40 fr. et à 52 fr. en 1870 et 1871 ; il a été de 55 fr. entre 1874 et 1880, moment où il a atteint 70 fr.; et les recettes n'ont cessé de croître. En dix-sept années, le dividende a donc gagné 12 fr. 75, représentant une augmentation de 10,200,000 fr. ou 3 0/0 seulement des recettes considérables et exceptionnelles effectuées en 1881. Il subira certainement une diminution sensible en 1882, puisque les recettes de la Compagnie P.-L.-M. ont baissé de plus de 3,300,000 fr. sur l'exercice précédent.

Pour en finir avec ces chiffres, qui fatiguent l'attention mais dont la nécessité s'impose, si l'on considère l'ensemble des réseaux des six grandes Compagnies, on trouve les résultats suivants, résultats aussi curieux et intéressants qu'instructifs, et tout à fait de nature à dessiller bien des yeux, à dissiper les préventions les plus tenaces, les préjugés les plus enracinés :

De 1865 à 1881, les recettes des six grandes Compagnies ont passé de 562,137,227 fr. à 1,021,184,308 fr., et le produit net s'est élevé de 315,112,414 fr. à 530,084,982 fr. Quant au dividende moyen, il a monté de 52 fr. 19 à 56 fr. 88 par action, ou 55 fr. 17, impôt sur le revenu déduit. Ainsi, pendant cette période de dix-sept ans, la recette gagnait 459,047,081 fr. ou 80 0/0; le produit net augmentait de 214,972,568 fr., c'est-à-dire de 68 0/0, et le dividende moyen progressait péniblement de 3 fr., soit de 5,70 0/0 (1).

En résumé, les actionnaires des Compagnies de l'Est, de l'Ouest, de l'Orléans et du Midi reçoivent actuellement un dividende inférieur à celui qui leur était distribué en 1865 ; seuls, les actionnaires des Compagnies du Nord et de P.-L.-M. ont vu leur situation s'améliorer légèrement, et cela depuis deux ans seulement.

Voilà la vérité ! Que deviennent, en présence de ces chiffres, les déclamations et les objurgations des adversaires du régime actuel des voies ferrées? Où est cette progression scandaleuse

(1) Nous n'avons pas voulu fatiguer outre mesure l'attention du lecteur et l'obliger à descendre dans l'examen détaillé de tous les impôts grevant, en fait, les dividendes distribués aux actionnaires et dont l'importance s'est accrue depuis la guerre; mais voici un tableau où la situation exacte des dividendes, le chiffre des impôts, et les sommes réellement payées aux actions en 1865 et 1881 sont suffisamment précisés pour rendre tout commentaire inutile :

| NOMS DES COMPAGNIES. | 1865 | | | 1881 | | |
|---|---|---|---|---|---|---|
| | Montant du coupon. | Total des impôts. | Somme payée à chaque action. | Montant du coupon. | Total des impôts. | Somme payée à chaque action. |
| Compagnie de l'Est . . | 33 » | 0 73 | 32 27 | 33 | 2 539 | 30 461 |
| Id.   de l'Ouest. | 37 50 | 0 71 | 36 79 | 35 | 2 66 | 32 34 |
| Id.   d'Orléans . | 56 » | 1 44 | 54 56 | 56 | 4 19 | 51 81 |
| Id.   du Midi . . | 40 » | 0 80 | 39 20 | 40 | 3 32 | 36 68 |
| Id.   du Nord. . | 71 50 | 1 45 | 70 05 | 77 | 5 868 | 71 132 |
| Id.   de Paris à la Méditerranée. . . | 60 » | 1 75 | 58 75 | 75 | 5 12 | 69 88 |

On trouvera aux annexes (tableaux 1 et 2) les dividendes nominaux et les dividendes réellement payés aux actionnaires des six grandes Compagnies pour chacune des années de 1865 à 1881.

des dividendes qu'on a osé mettre en ligne à l'ouverture de la campagne menée contre les Compagnies et leurs actionnaires, encore stupéfaits des griefs dont on les a accablés au sujet de leurs profits imaginaires?

Le Minotaure, on l'avouera, est d'humeur accommodante et peu féroce, et la cupidité des insatiables actionnaires ne constitue pas précisément un péril public dont se puisse émouvoir le plus attentif des gouvernements. Néanmoins, comme on ne doit désobliger personne, il demeurera entendu que la nation est livrée à une féodalité financière sans scrupules et aux dents crochues d'un monstre sans entrailles, car, s'il en était autrement, il n'y aurait plus de question des chemins de fer, — au moins telle qu'on l'entend, — et il est essentiel, il faut qu'il y en ait une, tant il est de gens qui en vivent politiquement.

Que le pays l'apprenne enfin : ces combinaisons de tarifs qu'on a accusé les Compagnies d'imaginer et d'établir au détriment du commerce, de l'industrie et de l'agriculture, au mépris des intérêts publics, dans le seul but de grossir les dividendes ; ces menées de leurs administrations sacrifiant impitoyablement la fortune de la France à la voracité d'actionnaires privilégiés ; cet échafaudage de récriminations, de plaintes, d'accusations, s'écroule sur sa base de sable. Rien de tout cela n'est vrai : depuis dix-sept ans, nous l'avons démontré chiffres en mains, le dividende de quatre des six grandes Compagnies n'a pas augmenté d'un centime et celui des deux autres n'a progressé que d'une manière insignifiante.

C'est donc dans les conditions singulières où elle est posée, avec un point de départ artificiel, qu'il nous faut envisager la question des chemins de fer, l'étudier et en rechercher la solution. Problème assurément difficile que celui qui consiste à mener un syllogisme dont le premier terme est une proposition fausse. Nous nous y emploierons néanmoins; mais, auparavant, nous tenons à donner une courte explication de ce phénomène économique considérable, — de ce *statu quo* du dividende, concomitant avec le formidable accroissement des recettes du grand réseau dont nous venons d'indiquer le

chiffre extraordinaire; cette explication nous fournira l'occa-
sion naturelle de faire connaître l'œuvre des Compagnies et de
soulever le voile épais dont on l'a soigneusement enveloppée.

### III

C'est précisément la quasi-fixité des dividendes, cette limitation des bénéfices des actionnaires, qui a permis à l'État d'exiger
la création d'une foule de lignes improductives, subventionnées
par lui à la vérité dans une certaine mesure, mais dont le capital
de construction, emprunté au public sous forme d'obligations,
était gagé et garanti, en fait, par les accroissements successifs
des recettes, — accroissements dont ne jouissent pas les actionnaires. Dans la seule plus-value de leurs produits, les Compagnies du Nord et de P.-L.-M. ont puisé la totalité des sommes
nécessaires à couvrir l'intérêt et l'amortissement des emprunts
affectés à la création de leur nouveau réseau. Avec les mêmes
plus-values, complétées par des avances de l'État, — avances
aujourd'hui en voie de remboursement, — les quatre autres
Compagnies ont pourvu aux charges croissantes de l'établissement des lignes dont elles ont assumé la construction et
l'exploitation.

En considérant cette situation et ce magnifique résultat,
on ne peut se défendre d'un vif sentiment d'admiration, et,
nous n'hésitons pas à le dire, de respectueuse admiration,
pour la mémoire du regretté M. de Franqueville qui, avec
une science profonde basée sur l'attentive observation des faits,
avait prévu l'avenir, marqué l'année où les avances de l'État
cesseraient, où commenceraient les remboursements des Compagnies et, en définitive, inauguré un système grandement
profitable au pays. Ce système, l'intérêt public commandait
d'en poursuivre et d'en étendre l'application, de préférence à
celui qui a prévalu depuis dix ans et qui a consisté, par défiance
des grandes Compagnies, à restreindre leurs travaux, à repous-
ser toutes les conventions préparées par les différents cabinets
qui se sont succédé au pouvoir, et finalement à exécuter avec

l'argent des contribuables, à grands frais et sans méthode, des lignes dont la charge devait incomber à l'industrie privée. Résultat : ces lignes fournissent de nombreux transports sur les longs parcours des Compagnies, et celles-ci n'ont en quoi que ce soit participé à la dépense ni contribué en rien à l'établissement des nouveaux chemins. C'est cette singulière manière de diminuer, de réduire les Compagnies en se passant de leur concours, en privant l'État de leurs services et en les enrichissant, qui, récemment, lors de la discussion du budget sur ressources extraordinaires, arrachait ce cri à un orateur de bonne foi qui n'est pas seulement un financier, mais aussi un homme d'esprit : « Je demande à me réconcilier avec les grandes Compagnies et à leur faire moins de cadeaux. » Le mot résume la situation et l'éclaircit ; l'honorable député qui le prononçait visait principalement les Compagnies du Nord et de P.-L.-M., les seules dont les dividendes se sont accrus depuis deux ans, et auxquelles M. de Franqueville n'eût pas manqué d'imposer la charge successive d'un nombre convenable de kilomètres, de manière à maintenir le niveau des dividendes par le jeu du déversoir.

Quelles ont été, pour l'État, pour le public, pour la nation, les conséquences des combinaisons imaginées et appliquées par M. de Franqueville, acceptées par les Compagnies, sur cette base de la limitation des dividendes avec le système du déversoir ?

Au 31 décembre 1880, date à laquelle se réfèrent les statistiques les plus récentes du ministère des travaux publics, le réseau national des lignes d'intérêt général comprenait un ensemble de 23,612 kilomètres de chemins de fer, dont le prix total d'établissement atteignait l'énorme chiffre de 10 milliards 185 millions (exactement 10,185,021,864 francs).

Dans cet ensemble, la part des six grandes Compagnies était de 20,509 kilomètres, dont le prix de construction ressortait à 9 milliards 468 millions (9,468,179,990 francs).

L'État et les Compagnies se sont associés dans l'œuvre commune : l'État fournissait des subventions et des garanties d'intérêt, et les Compagnies reportaient les excédents de recettes de leurs bonnes lignes sur les insuffisances des mauvaises. — Comment les concours financiers ont-ils été répartis entre les deux associés, l'État et les Compagnies? Et quels profits, quels bénéfices ces deux associés ont-ils retirés de leur mise de fonds? — C'est là un point à éclaircir, car on a souvent prétendu que l'État avait fait un marché de dupe en subventionnant les Compagnies sans exiger, en retour de ses allocations, une raisonnable participation dans les produits.

Voici les sommes consacrées par l'État et les Compagnies à l'établissement des 20,509 kilomètres des six grands réseaux :

|  | Totales. | Par kil. |
|---|---|---|
| Dépenses de l'État . . . . . . . . . . . . . . | 1.563.609.187 | 76.240 |
| Dépenses des Compagnies { Capital actions. . 1.461.831.000 / Capital obligat. . 6.411.885.855 } | 7.873.716.855 | 383.915 |
| Subventions de divers départements . . . . . . | 30.853.948 | 1.504 |
|  | 9.468.179.990 | 461.659 |

Or, en 1865, le réseau des Compagnies n'avait pas plus de 13,079 kilomètres d'étendue et le capital dépensé par elles était de 6,020,158,000 francs. En seize ans, elles ont donc construit 7,340 kilomètres et employé 1,853,558,855 francs à les établir.

Grâce à l'augmentation du produit net de leurs réseaux, les Compagnies ont pu faire face aux charges de cet énorme capital de près de 2 milliards de francs.

Quatre d'entre elles, sans doute, ont dû recourir aux avances de l'État, la construction des lignes ayant pris une allure plus vive et les dépenses d'exploitation une progression plus rapide que le produit net; elles se sont endettées de près de 600 millions; mais, comme l'avait prévu M. de Franqueville, elles commencent à s'acquitter envers le Trésor. En 1880, elles ont remboursé 9,376,482 francs et 20,009,045 francs en 1881. Seule, la Compagnie de l'Ouest recourt encore à la garantie; mais bientôt, pour elle comme pour les Compagnies de l'Est, de l'Orléans et du Midi, viendra la période de remboursement.

En définitive, le grand réseau ne coûte plus rien à l'État, et, d'année en année, il lui apportera des sommes de plus en plus considérables qui feront recettes au budget, à moins, bien entendu, qu'on ne lui impose des charges excessives, de nature à l'endetter de nouveau.

Mais ces remboursements sont loin de représenter la totalité des avantages de l'État dans l'exploitation du grand réseau. Nous l'avons dit, l'État et les Compagnies se sont associés dans l'œuvre commune. Il est intéressant de chiffrer les bénéfices de l'association pour chacun des deux associés.

Le ministre des travaux publics établit, tous les ans, le compte des profits particuliers de l'État dans l'exploitation des chemins de fer. Au numéro de février 1882 du Bulletin de statistique et de législation comparée de ce département ministériel sont insérés les chiffres suivants pour l'année 1880 :

1° En recettes *perçues* (impôt sur la grande vitesse, contributions, licences, abonnement pour le timbre des actions et obligations, droit de transmission des titres, impôt sur le revenu des valeurs mobilières, timbres des récépissés et lettres de voiture, frais de contrôle, etc.).  152.684.989 fr.

2° En économies réalisées (administration des postes, transport des militaires et marins, transports de la guerre, de l'administration des finances, des tabacs, poudres, etc., des prisonniers, des agents des contributions indirectes et des douanes, de l'administration des lignes télégraphiques).  79.813.470

Ensemble. . . . .  232.498.459 fr.

Tel est, pour l'État, le produit formidable des 20,509 kilomètres exploités par les grandes Compagnies au 31 décembre 1880 : cela fait simplement 11,336 francs par kilomètre! Rapproché du concours financier du Trésor à la même date, c'est-à-dire de la subvention de 1,563,609,187 francs, le bénéfice de l'État atteint 15 p. 100 de sa mise de fonds. N'est-ce point un beau dividende ?

Quel a été le profit des Compagnies pour le même exercice ? — Le dividende nominal était de 168,222,000 francs ; mais les actionnaires ne l'ont pas encaissé en totalité. Impôts sur les titres, droits de transmission, impôt sur le revenu, toutes ces taxes cumulées s'élèvent actuellement à plus de 7 p. 100 de la

valeur des dividendes, de sorte que les actionnaires ont seulement touché 156,446,460 francs en 1880. Or le capital actions
des Compagnies est de 1,461,831,000 francs : le dividende réellement distribué en 1880 représente donc 10,70 p. 100 de ce
capital. L'État s'est ainsi fait la part du lion dans l'association,
puisqu'il reçoit un dividende supérieur de 4,50 p. 0/0 à celui
de ses associés, les actionnaires. Et ce n'est pas tout : en 1865,
les subventions du Trésor ne dépassaient pas 920 millions, et
déjà les profits particuliers de l'État dans l'exploitation des
chemins de fer atteignaient 91,579,000 francs, c'est-à-dire
10 p. 100 de' son concours financier. Dans cette période de
17 ans, l'État a vu l'intérêt de sa mise de fonds, — son dividende, c'est le mot propre, — croître de 10 à 15 p. 100, c'est-
à-dire augmenter de 50 p. 100 (1). Imiterons-nous nos contradicteurs en criant au scandale ? Non ; nous complimenterons
simplement l'État de la brillante affaire qu'il a réalisée comme
banquier. Au point de vue économique, nous ne saurions le
féliciter pareillement, car ce profit de l'État est, en somme, une
taxe prélevée sur les transports ; et les impôts sur les transports,
tout aussi bien que sur les matières premières, sont à nos yeux
de détestables pratiques fiscales, en ce qu'ils paralysent le travail national et la libre circulation.

Mais, a-t-on dit, le commerce se plaint de la cherté des tarifs :
les Compagnies n'accordent aucune concession ; elles main-
tiennent leurs taxes : elles ne font pas d'abaissements.

C'est encore une erreur. Sans doute, les Compagnies
n'abaissent pas les tarifs dans les proportions où tout le monde
les voudrait obtenir ; cependant, au moyen des tarifs spéciaux,
des tarifs différentiels pour les longues distances, elles ont peu
à peu, timidement peut-être, — mais qui peut leur en faire un
grief en présence des charges qui leur incombent ? — fait jouir
le public de réductions sérieuses. En voici la preuve. Le tarif
kilométrique moyen des voyageurs était de 0 fr. 0591 en 1857 ;

(1) Voir aux annexes le tableau n° 3 qui donne pour chacune des années de
1865 à 1881, les profits de l'État et les dividendes totaux des Compagnies. On
remarquera que les profits de l'État ont atteint jusqu'à 18 28 p. 100 de l'importance de sa mise de fonds !

il s'est abaissé à 0 fr. 0553 en 1865 et à 0 fr. 0503 en 1880.
Pour les marchandises, le tarif kilométrique moyen a été respectivement, à ces trois époques, de 0 fr. 0765, 0 fr. 0608 et
0 fr. 0583. Il y a donc eu réduction de 0 fr. 0088 par voyageur
kilométrique et de 0 fr. 0182 par tonne kilométrique de marchandises. Appliquées aux 5,560,000,000 de voyageurs kilométriques et aux 10,102,000,000 de tonnes kilométriques qui ont
circulé sur les rails des Compagnies en 1880, ces réductions,
qui paraissent insignifiantes prises en elles-mêmes, ont fait
réaliser au public une économie de 234,000,000 de francs sur
ses transports, — c'est-à-dire une somme sensiblement égale aux
profits particuliers de l'État lui-même. Lorsque le Parlement se
décidera à diminuer l'impôt exorbitant de 23 p. 100 prélevé sur
la grande vitesse, les Compagnies feront une diminution d'égale
importance, et le public jouira alors, et d'un seul coup, d'un
large dégrèvement.

On voudra bien le remarquer : l'abaissement des tarifs n'est
pas la seule question en jeu dans l'industrie des transports. Pour
juger la valeur d'une exploitation, il faut faire entrer en ligne de
compte les facilités de déplacements et la nature des services
offerts au public. A cet égard, les dépenses considérables faites
par les Compagnies pour donner satisfaction aux exigences des
voyageurs et du commerce, au point de vue du comfort, de la
vitesse et de la multiplicité des trains, croissent d'année en
année et deviennent inquiétantes : il y a, sur certains points, un
véritable luxe de trains. En 1880, les Compagnies ont mis en
circulation 1,522,005 trains de voyageurs qui ont parcouru
100,516,566 kilomètres, et 961,390 convois de marchandises,
dont le parcours a été de 73,787,563 kilomètres. Elles ont pourvu
à cet immense mouvement au moyen de 6,479 locomotives,
14,249 voitures à voyageurs et 168,787 wagons à marchandises.
Ce que coûtent la mise en mouvement, la conduite et l'entretien
d'un pareil matériel, on le conçoit aisément, et ainsi s'expliquent
les augmentations de dépenses des services de la traction dans
toutes les Compagnies.

L'énorme circulation qui s'effectue sur les rails du grand

réseau est l'objet de sacrifices d'une autre nature. Il faut assurer
la sécurité de la circulation sur les voies parcourues jour et nuit
par une telle masse de trains. Aussi les Compagnies mettent-
elles en œuvre les deux inventions les plus récentes et les plus
perfectionnées, en vue de réaliser le maximum de sécurité dans
l'exploitation des chemins de fer : les freins continus, qui subor-
donnent l'arrêt d'un train à la seule volonté du mécanicien, et le
*Block system*, dont l'objet est de maintenir des intervalles régle-
mentaires entre deux convois qui se suivent, de telle sorte qu'ils
ne puissent se trouver en même temps dans une même section
de voie dont la longueur est déterminée en raison inverse de
l'importance de la circulation. Partout enfin où devient trop
active la circulation des trains en provenance et en destination
des lignes qui se greffent sur un tronc commun, on crée des
doubles voies, comme le fait en ce moment même, la Compagnie
de Paris à la Méditerranée, entre Montereau et la capitale.

Et maintenant, si le Trésor et le public trouvent leur compte
et leurs bénéfices particuliers dans l'exploitation des chemins de
fer, si la sécurité tend à s'installer sérieuse et efficace dans les
services, les intérêts généraux de la nation sont-ils à leur tour
satisfaits au point de vue militaire et administratif? Sous ce rapport, les Compagnies ont-elles fait ce que leur commandaient
leur situation et leurs obligations? Ont-elles donné à l'État le
concours qui leur a été demandé ?

Au point de vue militaire, les souvenirs des guerres de Cri-
mée, d'Italie et de 1870 sont là pour rappeler les services rendus
par les Compagnies, alors qu'elles n'étaient pas organisées en
vue des transports de l'armée. L'expérience de la dernière
guerre a été mise à profit, et aujourd'hui la défense nationale
compte un outillage admirablement préparé pour assurer le transport des troupes et leur ravitaillement en vivres et munitions.

Le règlement du 1er juillet 1874, concerté entre l'autorité
militaire et les grandes Compagnies, a prévu avec précision
toutes les opérations de l'embarquement, du transport et du
débarquement des corps d'armée. Dans les centres militaires,
dans certaines gares désignées, comme aussi sur des points

déterminés, les Compagnies ont construit des quais de longueur convenable pour assurer le chargement et le déchargement rapides et simultanés des trente à quarante wagons dont se composent les trains militaires.

Sur la proposition de la commission militaire supérieure, les Compagnies ont créé tout un matériel de ponts volants destinés à l'embarquement, à quai, des chevaux et du matériel, ainsi qu'à la liaison des trucs entre eux. De même, elles tiennent à la disposition de l'Administration militaire des rampes en charpente, ou sur longrines en fer, affectées au déchargement en pleine voie et dans les gares dont les quais sont encombrés ou insuffisants. Ces rampes se démontent et sont transportées par groupe de cinq sur des wagons plats. Enfin, les Compagnies sont largement outillées en treuils, grues et matériel spécial pour faciliter le chargement des trucs, soit par le petit, soit par le grand côté.

Tout est prévu pour la formation des trains militaires, dont la composition varie suivant la troupe à transporter ; tout est calculé de manière à emporter d'un seul coup un bataillon, un escadron ou une batterie d'artillerie. Un train qui doit emmener un bataillon de 970 hommes, par exemple, comprend un wagon mixte pour 28 officiers, vingt-six wagons de 3e classe pour 936 hommes, deux wagons à bestiaux pour 11 chevaux et 6 hommes, deux trucs, deux wagons à bagages à frein. Les Compagnies transportent ainsi un régiment de 2,900 hommes avec trois trains. Elles emportent un corps d'armée tout entier avec 94 trains, dont 3 pour le quartier général ; 40 pour les deux divisions d'infanterie (chacune de 2 brigades d'infanterie, de 12 bataillons, de 4 batteries divisionnaires, d'une ambulance et d'un convoi administratif); 10 trains pour la brigade de cavalerie de 8 escadrons ; enfin, 41 trains pour le transport de la réserve du corps d'armée, c'est-à-dire du régiment d'artillerie de corps (9 batteries), du parc d'artillerie, du bataillon de chasseurs à pied, de la compagnie et du parc du génie, de l'équipage de pont, de l'ambulance du quartier général, du convoi administratif, de l'habillement et du campement.

Les seuls réseaux de l'Est et de Paris à Lyon à la Méditerranée sont pourvus d'un matériel suffisant, à eux deux, pour conduire les dix-neuf corps d'armée à la frontière, et le pays peut être assuré qu'en cas d'évènements les Compagnies ne failliront pas à la mission de transport qui leur est assignée par le règlement de 1874.

Quant au personnel militaire des chemins de fer, il est parfaitement organisé. Les hommes des compagnies militaires d'ouvriers sont maintenus un an sous les drapeaux, et détachés ensuite sur les réseaux pour y recevoir l'instruction professionnelle. Aux termes d'une convention passée le 9 mars 1874 entre l'État et les Compagnies, celles-ci traitent et paient ces hommes sur le même pied que leurs autres agents ; l'État n'a à supporter à leur sujet aucune dépense de solde ou d'habillement, et l'on retrouve ici, au profit de la défense nationale, cette association de l'État et des Compagnies si grandement avantageuse au pays.

Au point de vue administratif, l'œuvre des Compagnies n'est pas moins intéressante. En fidèles serviteurs de l'État, leurs chefs se sont prêtés à la construction de toutes les lignes dont le pouvoir a jugé l'établissement nécessaire à ses besoins.

Tous les chefs-lieux de département sont aujourd'hui desservis. Sur 357 chefs-lieux d'arrondissement, 338 sont reliés au grand réseau. 70 ports de mer sur 82 et 306 places de guerre sur 338 sont pourvus de voies ferrées.

Nous aurions beaucoup d'autres détails à signaler pour achever de décrire l'œuvre des Compagnies. Le cadre de notre travail nous oblige à nous arrêter; nous avons d'ailleurs indiqué les caractères généraux de cette œuvre considérable qui n'est pas seulement remarquable aux points de vue financier et commercial, mais aussi au regard des intérêts généraux du pays.

Les Compagnies sont en situation de rendre des services nouveaux et étendus; c'est notre conviction profonde : aussi estimons-nous que le devoir du Gouvernement est de traiter au plus vite avec elles, et de déterminer enfin les solutions propres à la fameuse question des chemins de fer.

## IV

Avant d'aborder l'examen de ces solutions, il nous faut dire un mot des charges extraordinaires de l'État et de ses engagements actuels, comme aussi des ressources budgétaires dont il dispose; car il importe de rechercher, de reconnaître et de mesurer les limites dans lesquelles le concours des Compagnies lui serait utile et profitable.

La question des chemins de fer a de si intimes liens avec les nécessités budgétaires, que le Gouvernement attend la solution qui lui sera donnée par la Chambre pour présenter le projet de budget de 1884. Ce n'est pas qu'elle ait en elle-même une influence directe sur la situation financière; mais il s'agit de savoir si l'on continuera à inscrire au budget des crédits annuels pour pourvoir aux dépenses d'exécution du grand programme des travaux publics, ou si l'on chargera l'industrie privée de prendre à son compte une partie de ce programme.

Sont-ce les fonds d'État provenant de l'impôt ou de l'emprunt, sont-ce les capitaux de l'industrie privée, qui doivent être employés à la construction des chemins de fer? Est-ce à l'État, est-ce à l'industrie privée à prendre la charge et les risques de l'établissement, les longues et périlleuses responsabilités de l'exploitation?

Nous ne reviendrons pas sur la démonstration, faite ici même il y a trois ans, des inconvénients de toute nature qui sont le propre de l'intervention de l'État dans de telles questions. Ce n'est pas le prix de revient de certaines lignes construites par l'administration, — tel que celui du chemin de fer d'Elbeuf à Rouen dont l'inauguration a eu lieu en janvier dernier, non sans une certaine solennité puisqu'elle a été accompagnée d'un grand discours de l'honorable M. Baïhaut, — ce n'est pas, disons-nous, le prix de cette ligne (plus de 700,000 fr. par kilomètre) qui serait de nature à infirmer cette démonstration. Il nous convient de nous tenir sur le terrain des possibilités financières, des ressources et des engagements de l'État, pour étudier le point de savoir si l'intérêt public s'accommode du gonflement indéfini de nos budgets ou n'exige pas impérieusement leur rapide dégonflement.

« Il faut que nous sachions à quoi nous en tenir, disait M. Tirard lors de la dernière discussion budgétaire ; il n'y a pas de finances sans cela ; nous entreprenons des travaux à droite et des travaux à gauche ; on ne sait même pas si les lignes que l'on commence seront terminées, par qui elles seront exploitées ; il est absolument impossible de continuer un pareil système, il est nécessaire d'y mettre un terme. »

On conçoit les préoccupations d'un ministre des finances chargé de préparer et d'équilibrer un budget en présence d'une situation dont voici les traits saillants.

En dehors du budget ordinaire, s'élèvant en dépenses à 3,044 millions, couverts, à quelque 700,000 fr. près, par un budget de recettes entièrement basé sur l'impôt, il a été créé un budget sur ressources extraordinaires, qui a succédé au compte de liquidation établi, après nos désastres, pour reconstituer notre matériel de guerre et notre matériel naval. Le budget extraordinaire pourvoit à la continuation de la réorganisation de ce matériel, qui est la cuirasse du pays ; il est destiné, en outre, à faire face aux besoins des travaux publics, aux travaux neufs des postes et télégraphes, à quelques œuvres de même catégorie de la marine et d'autres départements ministériels.

Les ressources créées pour l'exécution de cet ensemble de travaux proviennent exclusivement de fonds d'emprunt. Elles s'élèvent au chiffre de 2,412 millions, savoir :

| | |
|---|---:|
| Reliquat du compte de liquidation. . . . . . . . . . . . | 40.000.000 |
| Obligations trentenaires émises en 1877 . . . . . . . . . | 32.000.000 |
| Rente 3 p. 100 amortissable émise en 1878. . . . . . . . | 116.000.000 |
| Id.      id.      en 1881. . . . . . . . | 999.000.000 |
| Dette flottante. . . . . . . . . . . . . . . . . . . . | 1.180.000.000 |
| Prêt de la Banque de France . . . . . . . . . . . . . | 45.000.000 |
| Ensemble. . . . . . | 2.412.000.000 |

Il résulte des déclarations du ministre des Finances, au cours de la discussion du budget de 1883, que sur cet énorme crédit il était ordonnancé, au 1er décembre dernier, 1,921 millions, dont

1,433 millions pour travaux publics, 374 millions pour la guerre et 114 millions pour les autres ministères. Le disponible, à cette date, était donc réduit à 491 millions; c'est avec cette maigre ressource que le Trésor doit pourvoir aux charges extraordinaires du pays et aux engagements de l'État.

Quelles sont ces charges? Quels sont ces engagements? Il n'est pas inutile de poser une telle question, car l'État doit agir comme un honnête commerçant, qui considère l'importance de ses engagements, et étudie les voies et moyens à l'aide desquels il y fera face.

Les engagements de l'État s'appliquent aux besoins extraordinaires de trois ministères : guerre, postes et télégraphes et travaux publics; le ministre de la marine ne demande plus rien au budget extraordinaire, il se contente des ressources du budget ordinaire; le département de l'instruction publique n'y a pas recours davantage, la caisse des Écoles constituant une opération à part, susceptible de critiques sans doute, mais qui ne pèse pas, en définitive, sur le budget extraordinaire.

Voici, en ce qui concerne le ministère des travaux publics, quels sont les engagements de l'État.

Et d'abord les chemins de fer.

Par catégorie de lignes à annexer au réseau d'intérêt général, les engagements de l'État s'appliquent aux chemins de fer ci-après :

Lignes classées antérieurement au 3 juillet 1879 et non concédées, mais déclarées d'utilité publique par les lois du

| | | |
|---|---|---|
| 18 juillet 1868 . . . . . . . . . . . . . . . . . | 151 kil. | |
| 3 juillet 1875 . . . . . . . . . . . . . . . | 40 — | 3.058 kil. |
| 16 décembre 1875 . . . . . . . . . . . . . | 444 — | |
| 31 décembre 1875 . . . . . . . . . . . . . | 806 — | |
| de 1875 à 1879 . . . . . . . . . . . . . . . | 1.617 — | |
| Lignes classées par la loi du 3 juillet 1879 . . . . . | | 8.863 |
| Lignes d'intérêt local incorporées dans le réseau d'intérêt général par diverses lois . . . . . . . . . . . . . . | | 1.086 |
| Lignes concédées à construire en partie par l'État . . . . | | 970 |
| Réseau d'État, loi du 25 mai 1878 . . . . . . . . . . . | | 2.620 |
| Rachats divers de lignes revenant à l'État par suite de déchéances, etc. . . . . . . . . . . . . . . . . . . . . . | | 788 |
| Lignes stratégiques et diverses . . . . . . . . . . . . | | 426 |
| Ensemble . . . . . . | | 17.811 kil. |

La dépense d'établissement de ces lignes est imputable au budget sur ressources extraordinaires, et la situation actuelle de ce réseau est la suivante :

En exploitation . . . . . . . . . . . . . . . . . . . . . .   4.137 kil
En construction. . . . . . . . . . . . . . . . . . . . . .   5.087
Lignes déclarées d'utilité publique et non commencées  . .   3.179
Lignes non déclarées d'utilité publique. . . . . . . . . .   4.438
Lignes concédées à construire en partie par l'État. . . . .   970
                                    Total égal. . . . . .   17.811 kil.

En résumé, le groupe comprend 4,137 kilomètres en exploitation, 5,087 en construction et 8,587 kilomètres non entrepris.

Le ministre des travaux publics a estimé le coût d'établissement de ces 17,811 kilomètres à 6 milliards et demi, ce qui fait ressortir une dépense kilométrique moyenne de 365,000 francs.

Sur cette estimation, il y a lieu de déduire 1 milliard que, dans l'état actuel des conventions, les Compagnies de chemins de fer sont tenues de fournir et dont une partie seulement est remboursable par annuités inscrites au budget ordinaire. Les travaux de chemins de fer à la charge de l'État auxquels il doit être pourvu au moyen de ressources prélevées sur le budget extraordinaire se réduisent donc à 5 milliards et demi.

Telle est la prévision des dépenses pour les chemins de fer. Mais il est d'autres parties du grand programme de travaux publics voté par le Parlement qui exigent des crédits considérables. Les travaux à exécuter pour la navigation, dans les ports, sur les rivières et les canaux, sont évalués à 2,650 millions. En ajoutant cette somme à la dépense prévue pour les chemins de fer, on obtient le total des engagements actuels de l'État pour les grands travaux publics : soit 8 milliards 150 millions.

Au 31 décembre 1882, il avait été dépensé, en travaux de chemins de fer et de navigation, 1,367 millions sur les fonds du Trésor; au 1er janvier 1883 l'État se trouvait donc avoir encore à faire face à une dépense de 6 milliards 783 millions.

Ces chiffres résultent de la discussion du budget de 1883. Ils supposent les évaluations du ministère admises a priori. Nous ne pouvons apprécier l'exactitude du devis de 2 milliards 650 mil-

lions relatif aux travaux pour la navigation, bien que certains
d'entre eux, notamment ceux de l'approfondissement de la Seine,
paraissent devoir notablement dépasser les prévisions; mais
nous nous élevons contre les estimations qui se réfèrent à l'exécution des chemins de fer. L'estimation de 365,000 francs par
kilomètre est insuffisante, et notre opinion sur ce point est cor-
roborée par le prix de revient du nouveau réseau des grandes
Compagnies. Ce réseau s'étend sur 10,195 kilomètres et a coûté
4 milliards 35 millions (4,034,790,607 francs). En nombre rond,
c'est un prix kilométrique de 400,000 francs. Dans ce chiffre
sont compris les frais généraux, les intérêts des capitaux et les
insuffisances d'exploitation pendant la période de construction.

Or nous ne voyons aucune raison susceptible de justifier
une diminution de ce prix d'établissement pour les lignes à construire par l'État; nous en apercevons, au contraire, de très
sérieuses tendant à démontrer que le coût sera supérieur à
celui du nouveau réseau des Compagnies.

Les exagérations de plus en plus manifestes des jurys d'ex-
propriation ne sont pas faites pour donner confiance dans les
évaluations du ministère : les prix alloués par le jury sont d'autant plus forts que l'expropriant a une situation plus élevée et
plus considérable, et l'État, à ce point de vue, est encore plus
maltraité que les Compagnies de chemins de fer.

D'un autre côté, les salaires et le prix des matériaux aug-
mentent avec le nombre des chantiers ouverts; la loi de l'offre
et de la demande joue dans ces questions son rôle économique
comme partout ailleurs.

Sans qu'il soit besoin de faire intervenir d'autres considérations d'ordre général, qui font à l'État une situation plus difficile
qu'à l'industrie privée en matière d'exécution de travaux publics,
ces simples observations suffisent pour établir que le prix de
construction des lignes dont il poursuit l'établissement atteindra
celui du second réseau des Compagnies. Ce point est hors de
doute, et ce ne sont pas les nombreuses voies classées en pays de
montagnes, dont le coût sera extrêmement élevé, qui abaisse-
ront le prix moyen du troisième réseau.

A cet égard, nous croyons rester au-dessous de la vérité en

3

élevant à 400,000 francs par kilomètre les prévisions du ministère des travaux publics, et en portant la dépense des chemins de fer de 6 milliards 500 millions à . . . . . . 7,125,000,000

Ajoutons à cette première charge les évaluations des travaux de navigation. . . . . . . 2,650,000,000

Puis les crédits extraordinaires demandés par le ministre de la guerre, environ . . . . . . 250,000,000

Ceux réclamés par le ministre des postes et télégraphes . . . . . . . . . . . . . . . . . . 50,000,000

———————

10,075,000,000

Si l'on déduit le milliard à fournir par les Compagnies de chemins de fer . . . . . . . . . 1,000,000,000

———————

On obtient le chiffre des engagements de l'État, soit. . . . . . . . . . . . . . . . . . . 9,075,000,000

Enfin, en défalquant les sommes dépensées par le ministère des travaux publics, au 31 décembre 1882 . . . . . . . . . . . . . . . . . . 1,367,000,000

———————

Il reste à dépenser. . . . . . . . . . . . . 7,708,000,000

C'est-à-dire environ 8 milliards.

Voilà le montant réel des engagements de l'État au 1er janvier 1883.

Imposer une pareille charge au Trésor, lorsque les ressources extraordinaires ne dépassent pas 500 millions, serait un véritable acte de démence ; ce serait condamner le pays à l'emprunt perpétuel, éventualité que nous repoussons énergiquement. Il faut donc considérer comme une nécessité d'État l'obligation de recourir à des solutions techniques et financières en harmonie avec les conditions budgétaires, les ressources et les besoins actuels du pays, sous peine d'exposer la France et la République à de cruels mécomptes et de leur faire courir de redoutables aventures.

## V

Si l'on abandonne le système des emprunts à jet continu, s'il faut renoncer aux imputations sur la dette flottante et si, d'un autre côté, l'on veut continuer les travaux, il est clair qu'il devient nécessaire de s'adresser à l'industrie privée pour lui demander de prendre sa part dans les engagements du Trésor.

Et, en appelant l'industrie privée au secours du Trésor, ei sollicitant ses capitaux, son personnel et son outillage, en lui confiant une certaine masse de travaux, encore faudra-t-il ménager les finances du pays, combiner l'exécution du programme de manière à ne pas excéder les ressources dont l'épargne peut disposer, non seulement au profit de l'État, mais au profit de l'industrie privée elle-même. Il ne faudrait pas drainer trop fortement le capital de roulement du pays, sous peine d'assécher l'agriculture et le commerce et les mille industries diverses dont les besoins financiers, pour être d'une autre nature que ceux de l'État en matière de travaux publics, n'en sont pas moins tout aussi intéressants, tout aussi dignes de sollicitude et de protection.

Au lieu donc de s'acharner à discréditer les Compagnies, à les entraver dans leur libre développement, il faut se décider à les considérer comme des instruments propres à créer des ressources, comme les artères nourricières des lignes manifestement improductives dont l'État a assumé la charge ; alors le problème, dont il reste à formuler les solutions, apparaît très simplement dans les termes suivants :

Quel est le moyen d'utiliser le concours des Compagnies de la manière la plus profitable aux intérêts généraux de la nation ?

Quel est le procédé à mettre en œuvre pour associer le pays aux bénéfices de leur puissant crédit, de leur organisation solide, de leur longue et fructueuse expérience, de l'accumulation de forces dont elles actionnent et dirigent les ressorts ?

Quel système convient-il, enfin, d'adopter pour faire jouir de plus en plus la France des avantages et des résultats de cette œuvre des Compagnies dont nous avons esquissé les contours et précisé les caractères généraux ?

Posée ainsi, la question est soluble, et l'on n'a que l'embarras du choix entre les solutions qu'elle présente.

Mais il importe de se rendre tout d'abord un compte exact de la mesure et de la valeur réelle des ressources des Compagnies, car une première condition est de ménager leur situation actuelle sous peine, en la diminuant, de réduire également celle de leur associé : l'État.

En 1865, nous l'avons dit, le produit net, — différence entre les recettes et les dépenses de l'exploitation, — du réseau des six grandes Compagnies était de 315,112,414 francs. Ce produit a atteint 530,084,982 francs en 1881. Il a donc augmenté de 214,972,568 francs en 17 années : soit de 12,600,000 francs en moyenne par an, et nous raisonnerons dans l'hypothèse où cette plus-value se maintiendra à partir de 1881 ; c'est-à-dire que le produit net du grand réseau augmentera régulièrement de 12,600,000 francs en moyenne par an.

Ce produit net sera employé dans l'avenir, comme il l'a été dans le passé, à deux objets bien distincts : 1° au développement de la puissance d'action, de l'effet utile des lignes anciennes; 2° au gage des capitaux destinés à la création de nouveaux chemins de fer.

Une partie, en effet, sera tout d'abord affectée à payer l'intérêt et l'amortissement des capitaux consacrés aux améliorations des lignes anciennes, — améliorations précisément faites en vue de réaliser des accroissements de recettes. Or c'est là un point acquis et un fait d'expérience facile à vérifier; à chaque million de recettes correspondent des dépenses d'agrandissements de gares, d'augmentations de voies et d'installations, d'accroissement d'outillage et de matériel roulant, dont le total atteint le triple de la recette, c'est-à-dire 3 millions. Pour réaliser un million de produit net, d'un autre côté, il faut effectuer le double de recettes brutes, soit 2 millions, en supposant les frais d'exploitation de 50 p. 100, — prix correspondant à la réalité des faits, puisque l'accroissement du produit net est moins rapide que l'augmentation des recettes, ce qui tient au développement des services et aux dépenses supplémentaires s'ajoutant et se superposant chaque année aux frais anciens. Ces deux millions de recettes exigent donc une dépense en capital de 6 millions; conséquemment, au taux de 4,50 p. 100 des emprunts des Compagnies, ils absorbent 270,000 francs d'intérêt sur le million de produit net : soit 27 p. 100.

La plus-value moyenne annuelle de 12,600,000 francs sera donc affectée dans la proportion de 27 p. 100 à solder l'intérêt et l'amortissement des capitaux employés aux améliorations des lignes anciennes. C'est une somme de 3,382,000 à déduire ; il reste ainsi disponible 9,218,000 à consacrer au gage des capitaux à dépenser pour les travaux neufs.

Mais si l'on veut traiter avec les Compagnies sur des bases équitables, il ne faut pas leur enlever la totalité de leurs excédents de produits nets dans les années à venir. Il n'y aurait aucune justice à exiger d'elles un tel sacrifice et peu d'espoir de l'obtenir ; il est indispensable, d'ailleurs, qu'elles conservent un intérêt sérieux dans les bénéfices de l'exploitation, sans quoi elles deviendraient de véritables régies désintéressées.

Supposons que l'État, s'attribuant encore ici la part du lion, leur demande l'abandon des trois quarts de leurs excédents de produits nets au-dessus du chiffre de 530 millions réalisé en 1881, déduction faite des 27 p. 100 destinés à désintéresser les capitaux employés en améliorations sur les lignes anciennes ; cela ferait les trois quarts de la somme de 9,218,000 francs, c'est-à-dire 6,913,500 francs (7 millions en nombre rond), dont les Compagnies auraient à consentir l'abandon. Au taux des emprunts des Compagnies, cette sorte d'annuité moyenne, pro-. gressant annuellement en raison arithmétique, permettrait de gager chaque année un capital de 160 millions environ.

En admettant un prix de revient de 400,000 francs par kilomètre, il serait donc possible de construire 400 kilomètres de chemins nouveaux par an, sans que l'État ait le moindre sacrifice à s'imposer, la plus petite charge à supporter.

Mais, pour atteindre cet objectif, il faudrait qu'on fût sage. Le sera-t-on ?

Évidemment, si en leur réclamant une ressource croissante annuelle qui, partant de 7 millions la première année, atteindrait 70 millions au bout de dix ans, on demande en même temps aux Compagnies des abaissements inconsidérés de tarifs ; si, d'un autre côté, on leur fait concurrence sur leurs bons parcours, soit par des lignes nouvelles, soit par des canaux, évidemment la ressource fera défaut. Dans une telle matière, il faut savoir

ce qu'on veut. Il est impossible de prétendre, à la fois, et à
des abaissements de tarifs et à l'exécution de travaux neufs dont
les dépenses seraient couvertes par les excédents de produits nets
du réseau actuel.

On ne peut pas demander aux Compagnies l'*un* et l'*autre;*
c'est l'un *ou* l'autre qu'il faut exiger d'elles.

Ceci posé, nous admettons qu'on soit prudent et sage : de
quelle manière utiliserait-on les trois quarts des excédents de
recettes?

Un premier moyen se présente : il consiste à abandonner aux
Compagnies la totalité des lignes classées et à leur appliquer le
système des conventions de 1859.

« Il y avait, dans ce système de 1859, disait M. Ribot le
4 décembre dernier à la tribune de la Chambre des députés, une
idée profondément juste et extrêmement féconde : celle d'établir
une solidarité entre le passé, — ou plutôt le présent, — et l'avenir; c'était de prendre, à ce réseau que nous allons nous-mêmes
alimenter par des affluents nouveaux, une part de ses excédents
au lieu de les laisser aller tout entiers grossir les dividendes
des actionnaires. C'était là l'idée de 1859, et je dis que cette
idée était absolument juste et que la défaveur qui a pesé momen-
tanément sur les conventions, — je ne parle pas des détails,
mais de l'ensemble, — était injustifiée. »

Au point où en est arrivé le débat, étant donné le sentiment
du Parlement, nous ne croyons pas, malgré tout l'avantage que
cette solution présente à première vue, qu'elle soit politique.

Il serait, en effet, difficile de faire accepter par la Chambre
un tel système ; on ne saurait sérieusement lui demander
d'adorer si promptement ce qu'elle a brûlé, ou plutôt ce qu'elle
avait désiré brûler. On trouve les Compagnies déjà trop
grandes, on leur reproche d'étendre leur action sur des réseaux
trop considérables; il ne serait pas raisonnable de proposer de
l'étendre encore, surtout pour l'appliquer à des lignes d'ordre
tout à fait secondaire. D'un autre côté, au point de vue financier,
cette solution est critiquable, non pas que les Compagnies ne
soient organisées et outillées pour mener à bien pareille en-

treprise ; mais ce n'est point par la concession à elles faite de la construction et de l'exploitation des lignes à établir, qu'on obtiendra cette économie si désirable, seule capable d'atténuer les dangers, évidents pour tout esprit réfléchi, que le plan Freycinet fait courir aux finances du pays. Il ne faut pas l'oublier : en dehors des intérêts et de l'amortissement des capitaux absorbés par la construction des nouveaux chemins, l'exploitation donnera une perte kilométrique qui sera parfois importante et qu'il faudra mettre au compte du budget, si c'est l'État qui exploite, au compte du déversoir des grandes Compagnies, si ce sont celles-ci qui ont la charge de ces lignes.

Dans cette dernière hypothèse, le niveau du déversoir baisserait ; la garantie de l'État serait exposée à fonctionner de nouveau pour les quatre Compagnies de l'Est, de l'Ouest, d'Orléans et du Midi, et les excédents de produits nets diminueraient pour le Nord et le Lyon de telle sorte que l'État serait privé de la ressource précieuse que nous venons de préciser.

Les grandes Compagnies ne pourraient se charger des nouvelles lignes que si les conditions de construction et le mode d'exploitation de ces chemins ne s'écartaient pas sensiblement des types de leurs réseaux actuels. Ces types, rationnels pour des lignes à grand trafic, ne seraient nullement en rapport, en harmonie, avec les besoins tout à fait restreints des contrées à desservir actuellement. Il faut donc entrer dans le système des voies économiques, c'est-à-dire analogues au type des chemins de fer d'intérêt local, et autant que possible adopter résolument la voie d'un mètre d'écartement entre les rails.

Il est d'autant plus nécessaire de suivre cette direction, de réaliser ces vues économiques, qu'avec la ressource annuelle de 160,000,000 de francs dont elles pourraient disposer au profit de l'État, et eu égard au prix de revient kilométrique de 400,000 francs, les Compagnies n'ouvriraient à l'exploitation que 400 kilomètres par an. L'établissement des 8,600 kilomètres non encore entrepris exigerait donc vingt-deux ans. Si l'adoption du système des voies économiques avait seulement pour résultat de réduire de moitié le prix de construction, on exécuterait annuellement un nombre double de kilomètres, et, en définitive, le réseau s'achèverait en onze années au lieu de vingt-deux.

Mais les grandes Compagnies ne peuvent se charger de la construction et de l'exploitation de lignes économiques. Elles engloberaient difficilement dans leurs réseaux des voies si différentes de leurs types, des chemins dont le succès dépend de modifications importantes au cahier des charges et d'une réglementation spéciale dont l'effet combiné serait de leur permettre de couvrir au moins leurs frais d'exploitation ; et ce ne sont pas les exigences des populations envers les grandes Compagnies, toujours considérées comme riches et puissantes, taillables à merci, qui simplifieraient le problème et rendraient leur intervention réellement économique.

La nécessité s'impose d'utiliser les ressources disponibles des Compagnies dans une direction nouvelle. Pour nous, la solution est autre. Nous la formulons ainsi :

Appliquer les excédents de produits nets du réseau d'intérêt général à l'exécution des nouvelles lignes, sans que l'intervention directe des Compagnies dans la construction et l'exploitation soit nécessairement obligatoire.

Nous avons montré, ici même, l'année dernière (1), combien l'établissement de réseaux régionaux construits et exploités par des Compagnies secondaires résoudrait aisément la difficulté ; comment ces sociétés, affranchies des obligations onéreuses du cahier des charges actuel, des conditions coûteuses et compliquées qu'entraîne l'application des types du grand réseau, libres de proportionner les installations des nouvelles lignes à leur véritable destination, au rôle modeste qu'elles sont appelées à jouer dans l'ensemble des voies de communication de la France ; comment ces compagnies réaliseraient l'objectif, si désirable pour les finances publiques, de la construction économique et de l'exploitation à bon marché de ces chemins, malheureusement si nombreux, dont les services s'adressent à des populations clairsemées et dont le trafic ne dépassera guère celui de nos chemins de fer d'intérêt local ; nous avons développé, enfin, les

(1) Voir la *Nouvelle Revue* du 1er mars 1882.

considérations de nature à justifier la création de ces réseaux régionaux et la manière de les constituer, d'accord avec les Compagnies actuelles; mais nous n'avons pas dit comment il serait possible d'appliquer à ces groupes les excédents de recettes disponibles des grandes Compagnies.

En principe, le capital de construction des groupes régionaux jouirait d'une garantie de l'État, jusqu'à concurrence de 5 0/0. Le capital serait fixé à forfait après discussion contradictoire; les frais d'exploitation devant servir au calcul de la garantie seraient également déterminés à forfait, d'après un barème intéressant l'exploitant au développement du trafic.

Que faudrait-il pour que les grandes Compagnies eussent intérêt à faire vivre ces groupes, à les protéger, à les aider à grandir? Il faudrait qu'elles contribuassent avec l'État à la garantie d'intérêt du capital forfaitaire de la construction.

Il suffirait, pour rendre effective l'intervention financière des Compagnies, de convenir avec elles qu'elles participeraient à la garantie des capitaux de construction des groupes régionaux, jusqu'à concurrence de 2 0/0 par exemple, et dans la limite des trois quarts des excédents de leurs produits nets au-dessus du chiffre de 1881, défalcation faite de 27 0/0 de cet excédent, ainsi que nous l'avons expliqué.

La Compagnie du Nord vient d'inaugurer quelque chose de ce genre, pour favoriser l'établissement d'un réseau de 300 kilomètres de chemins de fer d'intérêt local dans le département de la Somme. Ce que cette Compagnie a consenti spontanément, les autres peuvent le consentir également, et, en tout cas, l'entente sur ce terrain paraît facile entre l'État et les grandes Compagnies.

Tout en retenant au profit du pays partie des bénéfices ultérieurs des Compagnies, cette solution présenterait l'avantage d'utiliser des forces nouvelles, de nouveaux capitaux, d'employer enfin à l'exécution des chemins classés des hommes de valeur malheureusement éloignés des affaires sérieuses.

En associant les grandes compagnies au succès des réseaux régionaux, en les intéressant, en définitive, à leurs recettes, il ne serait pas à craindre qu'elles fussent accusées dans l'avenir, comme elles l'ont été dans le passé, de chercher à nuire aux petites Compagnies, à détourner leur trafic, à les étrangler, — c'est le mot consacré.

On a fait, au point de vue militaire, une objection à ce système de compagnies secondaires et de groupes régionaux. En cas de mobilisation, la multiplicité des Compagnies, la division des services de l'exploitation, ne pourraient-elles pas nuire à la rapidité et à la régularité des mouvements de troupes? Cette objection ne tient pas, si l'on considère qu'à l'heure actuelle ces mouvements sont assurés non seulement sur les grands réseaux, mais aussi sur les lignes des petites Compagnies. Le chiffre des hommes dont elles doivent effectuer le transport le premier, le deuxième et le troisième jour de la mobilisation, leur est connu et leurs mesures sont prises en conséquence. Quant aux trains militaires, il n'est pas plus difficile de les faire circuler sur les lignes des petites compagnies que sur certaines sections des grands réseaux.

Ce n'est pas le nom de la Compagnie, ou le mode financier qui aura présidé à la constitution de son réseau, c'est le tracé en plan et en profil qui seul peut créer des obstacles à la circulation des trains militaires. Or, sur un certain nombre de sections du réseau d'intérêt général, il existe des rampes plus fortes et des courbes plus raides que sur les lignes d'intérêt local et les grandes compagnies seraient, le cas échéant, obligées d'y employer la double traction, pour la conduite des trains militaires, tout comme seraient tenues de le faire les petites Compagnies sur leurs lignes, — comme elles le font, d'ailleurs, chaque fois qu'elles ont à remorquer un long train de plaisir ou tout autre convoi lourdement chargé.

L'objection n'est donc pas fondée en fait, et on ne saurait la considérer comme un obstacle sérieux à l'adoption du système des groupes régionaux.

En résumé, la situation générale de la question des chemins de fer est la suivante :

Nous avons un réseau d'État et six réseaux différents appartenant à six grandes Compagnies, ensuite une série de petites Compagnies d'intérêt général et d'intérêt local.

Quelle devrait être demain la situation?

1° Un réseau d'État, maintenu jusqu'à ce que l'expérience ait été suffisamment longue et probante pour qu'on soit fixé sur la question de savoir s'il convient de le conserver définitivement, ou de le faire disparaître pour en former un septième réseau dont l'exploitation serait confiée à l'industrie privée.

2° Six grandes Compagnies se chargeant de la construction et de l'exploitation de ceux des chemins classés qui se trouvent à ce point intercalés dans les mailles de leur réseau qu'il serait difficile de les rattacher à des groupements particuliers; — six grandes Compagnies abandonnant à l'État une partie importante de leurs excédents de produits nets au-dessus du chiffre de 1881, et recevant en retour la quiétude, la tranquillité, indispensables pour faire prospérer l'immense domaine dont l'exploitation et l'administration leur sont confiées.

3° Enfin, des Compagnies secondaires, nées des sociétés locales actuelles, ou organisées de toutes pièces, en vue de prendre la concession de réseaux régionaux de 500 à 1,000 kilomètres d'étendue et régies par des cahiers des charges simplifiés et adoucis, — réseaux comprenant à la fois des lignes de l'État actuellement en construction ou exploitées par les Compagnies pour son compte, et des lignes dont l'exploitation, onéreuse pour les Compagnies dans les conditions où elle s'effectue, deviendrait fructueuse dans des mains plus modestes, mais aussi plus indépendantes.

S'il y avait au pouvoir des hommes de science, de résolution, ils négocieraient dans ce sens avec les Compagnies, et avant un mois le résultat de ces négociations serait déposé sur le bureau de la Chambre : la question du régime général des chemins de fer serait résolue et l'ordre pourrait enfin régner dans nos budgets.

Paris. — Typographie Georges Chamerot, 19, rue des Saints-Pères. — 14122

## N° 1. — TABLEAU DES DIVIDENDES

### ATTRIBUÉS AUX ACTIONNAIRES DES SIX GRANDES COMPAGNIES

| ANNÉES | DIVIDENDES NOMINAUX | | | | | | MOYENNE pour les six compagnies 3.059.000 actions. | MOYENNE des impôts retenus sur les actions au porteur. | DIVIDENDES moyens payés déduction faite des impôts (1). | OBSERVATIONS. |
|---|---|---|---|---|---|---|---|---|---|---|
| | LYON 800.000 actions. | NORD 525.000 actions. | ORLÉANS 600.000 actions. | MIDI 250.000 actions. | OUEST 300.000 actions. | EST 581.000 actions. | | | | |
| | fr. c. | fr. c. | fr. c. | fr. c. | fr. c. | fr. c. | fr. c. | fr. c. | fr. c. | |
| 1865 | 60 » | 71 50 | 56 » | 40 » | 37 50 | 33 » | 52 19 | 1 13 | 51 06 | (1) Voir le détail pour chaque Compagnie au tableau N° 2. |
| 1866 | 60 » | 70 » | 56 » | 40 » | 35 » | 33 » | 51 69 | 1 10 | 50 59 | |
| 1867 | 60 » | 72 » | 56 » | 40 » | 35 » | 33 » | 52 03 | 1 10 | 50 93 | Les moyennes des dividen- |
| 1868 | 60 » | 61 » | 56 » | 40 » | 35 » | 33 » | 50 15 | 1 14 | 49 01 | des de chaque Compagnie, |
| 1869 | 60 » | 67 » | 56 » | 40 » | 35 » | 33 » | 51 18 | 1 15 | 50 03 | sans exception, et celle du |
| 1870 | 40 » | 42 » | 50 » | 35 » | 20 » | 25 » | 37 07 | 2 54 | 34 53 | dividende pour l'ensemble du |
| 1871 | 52 » | 58 » | 56 » | 40 » | 35 » | 33 » | 47 53 | 1 34 | 46 19 | réseau sont toutes inférieures |
| 1872 | 60 » | 67 » | 56 » | 40 » | 35 » | 33 » | 51 17 | 2 37 | 48 80 | aux chiffres de 1865. |
| 1873 | 60 » | 67 » | 56 » | 40 » | 35 » | 33 » | 51 17 | 3 05 | 48 12 | |
| 1874 | 55 » | 69 » | 56 » | 40 » | 35 » | 33 » | 49 35 | 3 02 | 46 33 | |
| 1875 | 55 » | 66 » | 56 » | 40 » | 35 » | 33 » | 49 69 | 3 09 | 46 60 | |
| 1876 | 55 » | 66 » | 56 » | 40 » | 35 » | 33 » | 49 69 | 3 24 | 46 45 | |
| 1877 | 52 » | 64 » | 56 » | 40 » | 35 » | 33 » | 48 56 | 3 29 | 45 27 | |
| 1878 | 55 » | 68 » | 56 » | 40 » | 35 » | 33 » | 50 03 | 3 41 | 46 62 | |
| 1879 | 55 » | 68 » | 56 » | 40 » | 35 » | 33 » | 50 03 | 3 55 | 46 48 | |
| 1880 | 70 » | 74 » | 56 » | 40 » | 35 » | 33 » | 54 99 | 3 84 | 51 15 | |
| 1881 | 75 » | 77 » | 56 » | 40 » | 35 » | 33 » | 56 88 | 4 25 | 52 63 | |
| MOYENNES | 58 » | 66 » | 56 » | 40 » | 34 » | 32 » | 50 20 | 2 50 | 47 70 | |

## N° 2. — TABLEAU DES DIVIDENDES

### RÉELLEMENT DISTRIBUÉS AUX ACTIONNAIRES, DÉDUCTION FAITE DES IMPOTS A LEUR CHARGE

| ANNÉES | DIVIDENDES PAYÉS A CHAQUE ACTION AU PORTEUR | | | | | | | OBSERVATIONS |
|---|---|---|---|---|---|---|---|---|
| | LYON | NORD (1) | ORLÉANS | MIDI | OUEST | EST | MOYENNE des six Compagnies | |
| | fr. c. | fr. c. | fr. c. | fr. c. | fr. c. | fr. c. | fr. c. | |
| 1865 | 58 75 | 70 05 | 54 56 | 39 20 | 36 79 | 32 27 | 51 06 | (1) Les produits nets de l'exploitation des lignes Nord-Belges influent sur les résultats du réseau Nord - Français. C'est ainsi qu'en 1881 ils concourrent pour 5 13 par action à la formation du dividende de 71 13. Ils entrent conséquemment pour 0 88 dans le dividende moyen de 52 63 des six grandes compagnies. |
| 1866 | 58 77 | 68 50 | 54 82 | 39 20 | 34 25 | 32 24 | 50 59 | |
| 1867 | 58 79 | 70 45 | 54 82 | 39 20 | 34 23 | 32 24 | 50 93 | |
| 1868 | 58 75 | 59 40 | 54 78 | 39 20 | 34 22 | 32 24 | 49 01 | |
| 1869 | 58 69 | 65 45 | 54 77 | 39 15 | 34 21 | 32 22 | 50 03 | |
| 1870 | 38 65 | 40 50 | 41 70 | 34 10 | 19 19 | 24 23 | 34 53 | |
| 1871 | 50 54 | 55 95 | 54 53 | 38 85 | 34 34 | 32 11 | 46 49 | |
| 1872 | 57 34 | 63 81 | 53 43 | 37 88 | 33 44 | 31 43 | 48 80 | |
| 1873 | 56 48 | 63 » | 52 64 | 37 60 | 32 93 | 30 99 | 48 12 | |
| 1874 | 51 59 | 60 01 | 52 66 | 37 60 | 32 91 | 30 99 | 46 33 | |
| 1875 | 51 54 | 61 79 | 52 62 | 37 53 | 32 85 | 30 94 | 46 60 | |
| 1876 | 51 43 | 61 60 | 52 37 | 37 39 | 32 74 | 30 84 | 46 43 | |
| 1877 | 48 44 | 59 57 | 52 25 | 37 29 | 32 63 | 30 78 | 45 27 | |
| 18:8 | 51 28 | 63 33 | 52 16 | 37 23 | 32 59 | 30 72 | 46 62 | |
| 1879 | 51 16 | 63 13 | 52 » | 37 14 | 32 47 | 30 62 | 46 48 | |
| 1880 | 63 51 | 68 71 | 51 94 | 37 01 | 32 40 | 30 54 | 51 15 | |
| 1881 | 69 88 | 71 13 (1) | 51 81 | 36 68 | 32 34 | 30 46 | 52 63 (1) | |
| MOYENNES | 55 15 | 62 73 | 52 99 | 37 78 | 32 62 | 30 93 | 47 70 | |

Nᵒ 3. — TABLEAU DES CAPITAUX ENGAGÉS DANS LA CONSTRUCTION DES GRANDS RÉSEAUX

1° PAR L'ÉTAT; — 2° PAR LES ACTIONNAIRES; — ET INDICATION DES REVENUS

| ANNÉES. | ÉTAT (a). | | | ACTIONNAIRES. | | |
| | SUBVENTIONS en travaux ou en argent. | PROFITS RETIRÉS OU DIVIDENDES DE L'ÉTAT | | CAPITAL. | DIVIDENDES (b). | |
| | | Totaux. | P. 100. | | Totaux. | P. 100. |
| --- | --- | --- | --- | --- | --- | --- |
| | fr. | fr. | fr. c. | fr. | fr. | fr. c. |
| 1865 | 886.000.000 | 91.700.000 | 10.30 | 1.461.831.160 | 159.659.500 | 10.92 |
| 1866 | 922.049.606 | 96.852.745 | 10.50 | 1.461.831.160 | 158.122.000 | 10.81 |
| 1867 | 968.951.325 | 110.948.986 | 11.45 | 1.461.831.160 | 159.172.000 | 10.88 |
| 1868 | 970.214.250 | 110.436.500 | 11.38 | 1.461.831.160 | 153.397.000 | 10.49 |
| 1869 | 1.068.439.534 | 114.491.545 | 10.74 | 1.461.831.160 | 156.547.000 | 10.70 |
| 1870 | 1.084.211.004 | 200.454.282 | 18.48 | 1.461.831.160 | 113.400.000 | 7.75 |
| 1871 | 1.079.282.648 | 183.038.435 | 16.96 | 1.461.831.160 | 145.422.000 | 9.94 |
| 1872 | 1.110.341.842 | 159.657.760 | 14.43 | 1.461.831.160 | 156.547.000 | 10.70 |
| 1873 | 1.129.795.693 | 169.749.784 | 15.02 | 1.461.831.160 | 156.547.000 | 10.70 |
| 1874 | 1.147.502.926 | 193.035.371 | 16.82 | 1.461.831.160 | 150.972.000 | 10.30 |
| 1875 | 1.163.052.556 | 212.291.799 | 18.25 | 1.461.831.160 | 152.022.000 | 10.39 |
| 1876 | 1.204.988.822 | 220.286.605 | 18.28 | 1.461.831.160 | 152.022.000 | 10.39 |
| 1877 | 1.294.757.638 | 219.634.021 | 17 » | 1.461.831.160 | 148.572.000 | 10.16 |
| 1878 | 1.421.762.006 | 228.783.485 | 16.09 | 1.461.831.160 | 153.072.000 | 10.47 |
| 1879 | 1.489.184.437 | 215.452.123 | 14.50 | 1.461.831.160 | 153.072.000 | 10.47 |
| 1880 | 1.563.609.187 | 232.498.459 | 14.90 | 1.461.831.160 | 168.222.000 | 11.50 |
| MOYENNES... | 1.088.461.380 | 162.312.484 | 14.93 | 1.461.831.100 | 143.337.500 (c) | 10.50 |

(a) Les chiffres de cette colonne sont extraits des documents statistiques publiés par le ministère des travaux publics. — (b) Impôts non réduits. — (c) L'État reçoit plus que les actionnaires.

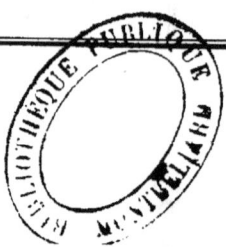

PARIS

TYPOGRAPHIE GEORGE CHAMEROT

19, RUE DES SAINTS